AF263076

RÉFLEXIONS

DE

M. GAMBETTA

SUR LA SITUATION POLITIQUE

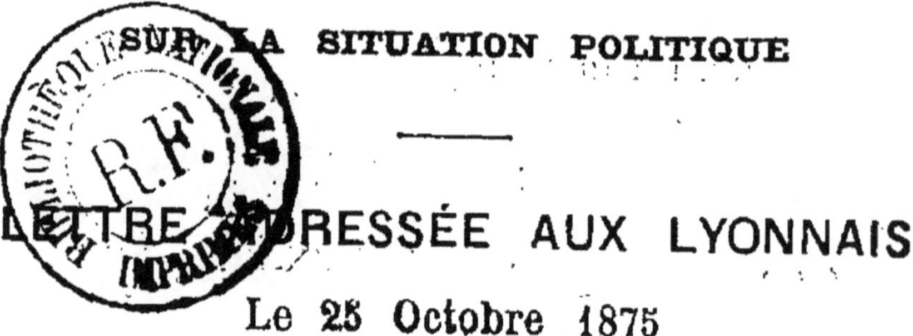

—

LETTRE ADRESSÉE AUX LYONNAIS

Le 25 Octobre 1875

PRIX : 5 CENTIMES

PARIS

ERNEST LEROUX, EDITEUR

28, RUE BONAPARTE, 28

—

1875

RÉFLEXIONS

DE

M. GAMBETTA

SUR LA SITUATION POLITIQUE

LETTRE ADRESSÉE AUX LYONNAIS

Le 25 Octobre 1875

Mes chers concitoyens,

L'ouverture imminente de la dernière session de l'Assemblée nationale me prive du plaisir de répondre comme je l'eusse désiré à votre cordiale invitation. J'aurais tenu à rendre dans Lyon même, au milieu de tous les élus républicains du département du Rhône, un public hommage à cette démocratie lyonnaise qu'on a abreuvée depuis cinq ans de calomnies, de provocations, de persécutions, et dont la fermeté, le sang-froid, la discipline ont résisté à toutes les épreuves et fini par triompher de ses plus violents détracteurs. Je ne laisserai pas toutefois arriver l'heure de la dissolution sans vous faire ma visite. Pour aujourd'hui, et afin de n'être pas tout à fait absent de votre fraternelle réunion, permettez-moi de vous envoyer quelques réflexions sur notre situation intérieure.

La Constitution du 25 février a fait enfin sortir la République de l'état précaire, à peine toléré, toujours menacé, où la tenaient les partis réactionnaires conjurés à sa perte depuis le 8 février 1871. Elle est devenue la loi fondamentale des Français. Elle a été arrachée à l'impuissance et à la haine des partis monarchistes vaincus, dans une heure de bon sens et de patriotisme, qui servira à balancer dans l'histoire bien des fautes et bien des défaillances.

Ce jour-là, le 25 février, sous la double pression des périls intérieurs et des nécessités extérieures, les patriotes de l'Assemblée nationale ont fait taire leurs préférences exclusives. Ils ont su mettre le salut de la France au-dessus de leurs passions, de leurs préjugés, de leurs théories personnelles. Ils ont fondé le seul gouvernement qui, en rassurant les intérêts, réservait à la démocratie le

soin de sauvegarder elle-même ses des-
tinées ultérieures. La nation tout entière
l'a accueillie avec un vif sentiment
de gratitude et de soulagement. La sé-
curité est rentrée dans les esprits, la
confiance dans le travail national. Les
excédants d'impôts se chiffrent par plus
de 100 millions de francs. Les royalistes
de toutes nuances en sont réduits à
exhaler les derniers cris d'une rage im-
puissante. Les bonapartistes s'apprêtent
à tenter un dernier effort, que le sentiment de l'honneur national suffira à dé-
jouer, en l'absence d'une administration
assez ferme pour appliquer la loi à des
factieux. Et cependant cette Constitution
n'est encore qu'une loi qui attend son
exécution. Les adversaires de la démocratie soupçonnaient si bien l'accueil en-
thousiaste qu'elle allait recevoir du
pays, qu'ils en ont ajourné l'application
par les plus misérables expédients. Mais
nous touchons au terme. Les élections
sont proches. Grâce à elles, les amis comme les adversaires de l'œuvre des Consti-
tuants de février pourront juger ce que
pèsent dans les sympathies du pays les
institutions nouvelles. Je suis tranquille
sur l'épreuve.

Une fois l'Assemblée nationale dissoute, la France ayant à choisir entre l'affermissement de la légalité républicaine et les fauteurs de désordre, de réaction et de restauration, n'hésitera pas, d'un bout à l'autre du territoire, aussi bien au nom des intérêts conservateurs que des aspirations progressives, à envoyer sur les bancs des deux Chambres une forte majorité de gouvernement républicain, décidée à faire porter tous ses fruits à la politique suivie en ces dernières années.

C'est à créer cette majorité que doivent être consacrés désormais tous nos efforts ; c'est pour atteindre un résultat aussi décisif pour la fortune de la France, qu'il importe que le suffrage universel soit consulté aux élections législatives par la voie du scrutin de liste. En dehors des considérations générales qu'on peut faire valoir, et qu'on fera valoir, en faveur du scrutin de liste contre tout autre mode de votation et qui toutes peuvent se résumer d'un mot : — Une lutte d'opinions substituée à une lutte de personnes, — il est une raison plus haute encore et plus pressante pour les défenseurs de la Constitution de s'attacher énergiquement au scrutin de liste. Le scrutin de liste seul permet, dans chaque département, suivant son tempérament propre, la conciliation et l'alliance électorale entre toutes les fractions du parti loyalement constitutionnel.

Cette alliance si précieuse et si salutaire, conclue à la Chambre sous les auspices d'hommes comme MM. Thiers, Casimir Perier, Léonce de Lavergne, etc., doit, en effet, être continuée devant le suffrage universel. Il ne faut jamais oublier les services rendus et ceux qu'on est en droit d'attendre. L'exemple de ces citoyens s'engageant résolûment dans les voies de la démocratie libérale et républicaine a puissamment influé sur l'opinion publique, et il est nécessaire de montrer à tous que ce n'est pas là un accord passager que peut rompre la première difficulté, mais au contraire une coopération réfléchie et durable, en même temps qu'un encouragement à l'union, à la concorde des bons citoyens pour le relèvement de la patrie.

Le scrutin d'arrondissement, en suscitant les compétitions personnelles, en rompant toute unité d'action d'un arrondissement à un autre, en surexcitant les haines et les rancunes, exclut toute modération dans les choix et transforme cette grande consultation du suffrage universel en une multitude de petites guerres de clochers, sans grandeur et sans signification politique. Il importe au succès et à la durée d'une politique d'apaisement et de modération que le scrutin de liste, qui est à l'heure actuelle l'état légal, reste acquis au pays. On a peine à comprendre que les auteurs ou les partisans de la Constitution du 25 février puissent hésiter sur une pareille question.

Je le dis en toute sincérité, ce sont les républicains de raison qui ont le plus d'intérêt au succès définitif du scrutin de liste.

Mes renseignements, en effet, me permettent d'affirmer que c'est eux seuls qui ont tout à perdre au scrutin d'arrondissement, et je ne crains pas d'être démenti par l'événement.

Quoi qu'il advienne d'ailleurs, n'ayez aucune inquiétude sur le résultat final.

Les élections, aussi bien pour le Sénat que pour la Chambre des députés, seront un triomphe pour la démocratie républicaine.

Depuis quatre ans, je n'ai jamais négligé une occasion d'étudier et de suivre pas à pas les progrès de l'idée républicaine dans les diverses parties de la France et dans les diverses couches de la société française. Sans entrer dans des détails qui ne seraient pas ici à leur place, je crois pouvoir affirmer que la France n'a attendu avec tant de patience, de calme, l'heure où il plairait à ses mandataires de lui rendre le dépôt de sa souveraineté, que parce que sa résolution était inébranlable d'affermir la République. Elle savait qu'il faudrait bien finir par la consulter, et que ce jour-là, sans tumulte, sans violence, presque sans émotion, elle choisirait ses hommes et dicterait ses volontés.

Instruite par des malheurs inouïs et immérités, la nation a évidemment gagné en expérience et en raison pratique. Elle est lasse des sauveurs qui l'ont perdue, des déclamateurs qui l'ont égarée ; elle dédaigne les fanatiques qui voudraient la ramener à un passé dont elle ne peut même pas supporter le nom. Elle veut faire ses affaires elle-même et réaliser enfin le gouvernement du pays par le pays, dont la Révolution française avait apporté la promesse et les principes.

C'est cette politique qui doit triompher aux élections prochaines et devenir l'inspiratrice des actes et des entreprises des futures Assemblées.

En effet, je pense qu'il est bon que nous envisagions d'avance quelle peut être la tâche de nos futurs représentants. On peut l'envisager sous deux points de vue : 1° la direction générale de la politique du gouvernement à l'intérieur ; 2° les lois à faire et les réformes à entreprendre.

Sur la première partie, l'accord est facile. Il faut une *politique de liberté*, qui nous débarrasse des lois d'exception, respecte et assure les droits de la presse, en ne réservant à la répression qu'un délit ou un crime,— l'attaque contre le principe républicain et le suffrage universel ; qui établisse sans conteste la liberté électorale en protégeant par des dispositions légales l'exercice du droit de réunion et d'association ; qui restitue aux communes leurs franchises municipales ; qui garantisse enfin la pratique de ces droits individuels et publics par la présence à la tête des affaires d'hommes à l'esprit large et éclairé, confiants dans la démocratie, capables de la gou-

verner sans la craindre et sans l'as-
servir.

En ce qui touche le travail législatif,
il est de la plus haute importance de
s'imposer une règle de conduite qui dé-
termine d'avance les divers buts à atteindre ; car ce que les majorités victorieu-
ses, de quelque nature qu'elles soient,
ont surtout à redouter, c'est de vouloir
toucher à tout à la fois, au risque de tout
confondre et de tout compromettre.
L'exemple de ces dernières années doit
être toujours présent à nos yeux. La politique, de nos jours, est astreinte, comme toutes les sciences, à marcher gra-
duellement, du simple au composé ; mais,
plus que toutes les autres sciences, elle
exige l'esprit de circonspection, de pru-
dence, de tempérament. La politique n'est
pas une géométrie dont toutes les cons-
tructions sont tracées en des lignes par-
faites, dont tous les problèmes reçoivent
nécessairement des solutions exactes ;
elle doit s'inspirer, sans aucun doute, de
principes fixes et certains, mais elle se
fait avec des hommes, pour des hommes,
au travers des intérêts et des passions qui
se croisent en face de traditions qui résis-
tent. Elle doit donc savoir composer avec

la nécessité et ne jamais risquer le sort d'une idée ou d'un peuple pour l'honneur d'une théorie sans espoir. Nous avons eu des prédécesseurs, nous aurons des successeurs ; nous ne leur transmettrons qu'un patrimoine bien imparfait, car toutes les conquêtes que nous aurons pu réaliser ne pourront donner que la mesure du progrès même des mœurs politiques, hélas ! encore bien en retard.

Arrivés à la vie publique aux heures les plus difficiles de ce siècle, nous n'avons qu'un devoir : maintenir, augmenter et transmettre l'héritage à des générations mieux préparées et plus heureuses. Il faut donc mesurer et régler sa marche pour éviter les chutes.

Trois grands buts se présentent devant nous : les atteindre suffira largement à l'activité et à la durée des prochaines Assemblées : le crédit de la France, sa puissance matérielle, son développement intellectuel. Faire une France riche, puissante, éclairée.

Le premier de ces buts réclame une réorganisation financière dont l'impôt sur le revenu doit devenir la clef, en prenant légitimement l'argent là où il est et

en dégrevant la consommation et par là
même la production de taxes incohé-
rentes et excessives.

Le second, en rendant le service mili-
taire réellement personnel et universel,
en y préparant, dès l'enfance, tous les
jeunes Français et en faisant de l'armée
la plus haute expression de l'orgueil national et l'école virile de tous les citoyens, contient une réforme pour la-
quelle le pays est déjà préparé et qu'il
ne reste plus qu'à compléter.

Enfin, et par-dessus tout, il faut
refondre à nouveau et disposer en
un mécanisme complet un système
d'éducation nationale qui restitue à
l'Etat ses véritables attributions et
qui sache faire surgir des rangs pressés
de tout le peuple l'intelligence et la moralité; un système à la fois général et
technique, qui puisse sûrement mettre en
pleine valeur toutes les aptitudes, aussi
variées que merveilleuses du génie français; un système d'éducation qui, depuis
l'école primaire jusqu'à l'enseignement
supérieur, repose sur les principes de la
sociétémoderne, le respect des lois civiles,
l'amour exclusif de la patrie, et réunisse
les Français de toutes les classes dans

un même esprit de confiance mutuelle, d'émulation pour le bien général et de solidarité nationale.

L'étude des lois nécessaires à une aussi grande et décisive réforme, la formation des maîtres, des écoles et des élèves, l'éxécution ferme et patiente de pareille lois suffiront et au delà à remplir la durée du mandat des prochaines Assemblées. Après avoir ainsi appliqué la Constitution et les lois dans un esprit constamment libéral et démocratique, il ne resterait à nos représentants qu'à rendre de nouveau la parole au pays et à le consulter alors, mais alors seulement, sur les améliorations qu'exigerait le pacte fondamental de la République.

Je suis convaincu qu'en comprenant ainsi le fonctionnement de nos nouvelles institutions, on en tirera les résultats les plus bienfaisants, dont je crois devoir énumérer quelques uns.

D'abord les partis hostiles à la République tombent dans l'impuissance et ne tardent pas à se désagréger. La masse du parti constitutionnel subira elle-même une nouvelle transformation ; elle se décomposera en deux grandes fractions également respectueuses de la Charte, chacune représentant l'une des deux forces qui se partagent toute société réglée : la force de résistance et la force de progression.

Nous assisterons, à l'abri de la Constitution, à la lutte pacifique et légale du parti conservateur et du parti novateur, les wighs et les tories de la République se disputant les suffrages de l'opinion et se succédant régulièrement au pouvoir. Dans cette France unifiée il nous sera peut-être donné de voir tomber les haines et les préjugés de classe à classe, la paix civile sera faite. Les nouvelles couches sociales, sorties de la Révolution française et du suffrage universel, réconciliées avec l'élite de la vieille société, nous pourrons enfin achever, par l'alliance intime et chaque jour plus féconde du prolétariat et de la bourgeoisie, l'immense évolution commencée en 1789. Sous cette bienheureuse influence, on peut prédire presque à coup sûr un essor inoui des affaires et de la prospérité générale, un attachement tous les jours plus fervent aux institutions républicaines, une obéissance de plus en plus rigoureuse à la loi, un accroissement de la moralité publique. L'Europe, voyant la France stable, forte et sage, lui rendra ses sympathies et son rang légitime. Alors on pourra tenter avec confiance la révision de la Constitution républicaine toujours perfectible du 25 février.

L'ordre étant ainsi assuré autant que la liberté, il faudra songer aussi à un grand acte de clémence pour effacer jusqu'au souvenir de nos odieuses discordes civiles. Ce ne sera pas de la part de celui qu'on a placé à la première et inviolable magistrature de l'Etat, et dont la fermeté est connue, que pourront venir les objections à une mesure aussi humaine que politique.

C'est le cœur plein de confiance dans cet avenir que je vous envoie mes salutations fraternelles.

LÉON GAMBETTA.

Paris. — Imp. F. Debons et Cᵉ, 16, rue du Croissant.